8F
1317

1888

I0000212

COUTUMES

DE

CASTEL-AMOUROUX

ET DE

SAINT-PASTOUR EN AGENAIS

Par H. Émile RÉBOUIS

AVOCAT

ANCIEN ÉLÈVE DE L'ÉCOLE DES CHARTES ET DES HAUTES-ÉTUDES

PARIS

L. LAROSE ET FORCEL

Libraires-Éditeurs

22, RUE SOUFFLOT, 22

1888

COUTUMES

DE

CASTEL-AMOUROUX ET DE SAINT-PASTOUR

EN AGENAIS

Pièce
8° F
1317

DU MÊME AUTEUR.

———

Étude historique et critique sur la peste. 1 vol. in-12, chez Alphonse Picard. Paris, 1888.

Coutumes de Clermont-Dessus en Agenais. 1 in-8º. Paris, 1881.

Cinq Coutumes de Tarn-et-Garonne (Lawazet, Angeville, Fajolles, Lauzerte et Valence d'Agen). Montauban, 1886.

Coutumes de Puymirol en Agenais. Paris, 1887.

Coutumes de Castelsagrat en Querci. Paris, 1887.

———

Pour paraître prochainement dans la *Nouvelle Revue historique de droit français et étranger :*

Coutumes de Monclar et de Monflanquin en Agenais.

DÉPÔT LÉGAL

33

88

COUTUMES

DE

CASTEL-AMOUROUX

ET DE

SAINT-PASTOUR EN AGENAIS

Par H. Émile RÉBOUIS

AVOCAT

ANCIEN ÉLÈVE DE L'ÉCOLE DES CHARTES ET DES HAUTES-ÉTUDES

PARIS

L. LAROSE ET FORCEL

Libraires-Éditeurs

22, RUE SOUFFLOT, 22

1888

COUTUMES

DE

CASTEL-AMOUROUX ET DE SAINT-PASTOUR

EN AGENAIS.

———

Édouard Ier, roi d'Angleterre, a accordé, à peu près à la même date, des coutumes et privilèges aux bastides de Castel-Amoros et de Saint-Pastour en Agenais.

Castel-Amoros est aujourd'hui Labastide-Castel-Amouroux, commune de cinq cents habitants environ du canton de Bouglon (Lot-et-Garonne). On y admire une église romane du xiiie siècle et un château féodal.

Saint-Pastour est une petite commune de huit cents habitants environ, dans le canton de Monclar, arrondissement de Villeneuve-sur-Lot.

La copie des chartes de Coutumes concédées, le 22 décembre 1287, à Castel-Amouroux et, le 7 avril 1289, à Saint-Pastour, est conservée à la Bibliothèque Nationale (1).

L'analogie est complète entre ces deux documents, à l'exception des articles 32, 33, 34 que contient seule la charte de Saint-Pastour.

Quelques années auparavant, en 1283, Édouard Ier avait accordé à la nouvelle bastide de Valence, du diocèse d'Agen, une charte à peu près semblable à celles de Castel-Amouroux et de Saint-Pastour (2).

Nous donnons la traduction de ces deux documents qui se confondent en un seul.

Les textes du volume de la collection Moreau ne portant point de rubriques, nous avons divisé le nôtre en 38 articles avec titres.

(1) Coll. Moreau, 638 (Coll. Brequigny XIV), f°s 192 et 241.
. (2) Rébouis (Emile). Cinq coutumes de Tarn-et-Garonne. In-8°, Montauban, 1885.

Nous avons indiqué, dans l'introduction aux coutumes de Puymirol (1), les rapprochements qui existent entre ces Coutumes données à La Réole et à Condom par Robert Burnell, évêque de Bath, chancelier du roi d'Angleterre, et celles de Puymirol, de Castelsagrat, etc.; nous reviendrons sur cette question, en publiant prochainement, dans cette Revue, les Coutumes de deux autres villes de l'Agenais, Monclar et Monflanquin.

H. Émile Rébouis.

(1) *Rev. hist. de droit fr. et étranger*, n° de mai-juin 1887.

SOMMAIRE DES COUTUMES DE CASTEL-AMOUROUX
ET DE SAINT-PASTOUR.

La charte de Saint-Pastour contient, seule, les articles 32, 33 et 34.
Concession des Coutumes.

1. Renonciation au droit d'imposer les habitants.
2. De la faculté pour les habitants de disposer librement de leurs biens.
3. De la liberté des mariages et de l'entrée en religion.
4. La liberté des personnes est garantie.
5. Du droit des habitants de ne pas être cités hors de la ville, pour des faits qui se sont passés dans la ville.
6. Des successions *ab intestat*.
7. De la validité des testaments.
8. Du duel ou du combat judiciaire.
9. De la tenure des immeubles.
10. De la taxe foncière et des droits d'oublie, d'acapte et de vente.
11. Des incendies et autres méfaits.
12. Du serment du sénéchal et du baile.
13. Du renouvellement des consuls; du serment qu'ils prêtent en entrant en charge; de leurs attributions.
14. De la vente des comestibles portés en ville.
15. Des coups et blessures.
16. De l'homicide.
17. Des injures.
18. Du ban seigneurial et du gage pris par le baile.
19. Des droits de leude.
20. De l'adultère.
21. Des menaces avec l'épée ou le couteau.
22. Du vol de jour ou de nuit.
23. Des vols commis dans les jardins, vignes et champs d'autrui.
24. Des dégâts causés par les animaux d'autrui.
25. Des faux poids et des fausses mesures.
26. Des dettes et des contrats.
27. Droits dans les plaintes ordinaires.
28. Du défaut de comparution.
29. Du mode de paiement des droits de justice.

COUTUMES

DE

CASTEL-AMOUROUX ET DE SAINT-PASTOUR

EN AGENAIS.

(*22 décembre 1287 et 7 avril 1289.*)

Consuetudo castri Amorosii, *et* pro habitatoribus bastide Sancti Pastoris.

Edwardus, Dei gratia, rex Anglie, dominus Hibernie et dux Aquitannie, omnibus ad quos presentes littere pervenerint, salutem.

Sciatis quod nos habitatoribus nostris castri Amorosii *ou* Bastide Sancti Pastoris, diocesis Agennensis, concedimus libertates et consuetudines subscriptas videlicet.

1. *Renonciation au droit d'imposer les habitants.*

Quod per nos vel successores nostros non fiat in dicta Bastida questa, tallea vel albergata, nec recipiemus ibi mutuum nisi gratis nobis mutuare voluerint habitantes.

Concession des Coutumes.

Édouard, par la grâce de Dieu, roi d'Angleterre, seigneur d'Irlande et duc d'Aquitaine, à tous ceux qui verront les présentes lettres, salut.

Sachent tous que nous concédons les libertés et coutumes suivantes, aux habitants de Castel-Amoros (*ou* de la bastide de Saint-Pastour) du diocèse d'Agen.

1. *Renonciation au droit d'imposer les habitants.*

Nous et nos successeurs renonçons, dans la dite bastide, aux droits de quête, de taille, de gîte et nous n'y emprunterons aucune somme, à moins que ce ne soit du plein gré des habitants.

2. De la faculté pour les habitants de disposer librement de leurs biens.

Item, quod habitantes dicte Bastide, et partium ejusdem et in posterum habitaturi, possint vendere, dare et alienare omnia bona sua mobilia et immobilia, cui voluerint, excepto quod immobilia non possint alienare ecclesie, religiosis personis, militibus, nisi salvo jure dominorum, quorum res in feudum tenebuntur.

3. De la liberté des mariages et de l'entrée en religion.

Item, quod habitantes predicti possint filias suas ubi voluerint, libere, maritare et filios suos ad clericatus ordinem facere promoveri.

4. La liberté des personnes est garantie.

Item, quod nos vel Bajulus noster non capiemus aliquem habitantem in dicta Bastida, vel pertinentiis ejusdem vel vim inferemus vel saiziemus bona sua, dum tamen velit et fidejubeat stare juri, nisi pro murtro vel morte hominis, vel plaga

---

2. *De la faculté pour les habitants de disposer librement de leurs biens.*

Les habitants de la dite bastide et leurs successeurs pourront vendre, donner et aliéner tous leurs biens, meubles et immeubles, entre les mains de qui ils voudront; ils ne pourront cependant aliéner leurs immeubles au profit d'une église, d'un couvent, d'un ordre de chevalerie, si ce n'est en sauve-gardant le droit des seigneurs dont relèvent les fiefs.

3. *De la liberté des mariages et de l'entrée en religion.*

Les habitants pourront marier librement leurs filles où ils voudront et engager leurs fils dans les ordres religieux.

4. *La liberté des personnes est garantie.*

Nous ou notre baile n'arrêterons aucun habitant de la dite bastide ou de ses dépendances, ni ne saisirons sa personne ou ses biens, pourvu qu'il promette d'ester en justice et qu'il en donne caution à l'exception des cas

mortifera vel alio crimine quo corpus suum vel alia bona nobis debeant esse incursa.

5. *Du droit des habitants de ne pas être cités hors de la ville,*
pour des faits passés dans la ville.

Item, quod ad questionem seu clamorem alterius, non mandabit seu citabit senescallus noster vel Bajulus ejus, nisi pro facto nostro vel querela, aliquem habitantem in dicta Bastida extra honorem dicte Bastide, super hiis que facta fuerint in dicta Bastida et pertinentiis et honore dicte Bastide, vel super possessionibus dicte Bastide et honore ejusdem.

6. *Des successions ab intestat.*

Item, si quis habitans in dicta Bastida vel ejusdem honore, moriatur sine testamento nec habeat liberos nec appareant alii heredes qui sibi debeant succedere, ballivus noster et consules dicte Bastide bona defuncti descripta tamen, commendabunt duobus probis hominibus dicte Bastide ad custodiendum fideliter per unum annum et unum diem. Et si, infra eumdem terminum, appareat heres qui debeat succedere, eidem

---

de meurtre, d'assassinat, de blessure mortelle ou de tout autre crime, pour lequel la personne et ses biens doivent nous être livrés.

5. *Du droit des habitants de ne pas être cités hors de la ville*
pour des faits passés dans la ville.

Sur une requête ou sur une plainte, notre sénéchal ou le baile, si ce n'est pour notre propre fait ou sur notre plainte, ne citera point un habitant de la bastide hors des limites de la juridiction de la dite bastide, pour des faits commis dans la ville et ses dépendances ou sur le territoire de la dite ville ou sur ses possessions.

6. *Des successions ab intestat.*

Si un habitant meurt *intestat* et n'a pas d'enfants ou d'héritiers pour lui succéder, notre baile et les consuls de la bastide confieront, après en avoir dressé l'inventaire, les biens du défunt à deux prudhommes pour les garder fidèlement un an et un jour; si, dans cet intervalle, un héritier apte à succéder se présente, tous les biens du défunt lui seront remis intégralement.

Dans le cas contraire, les biens meubles nous seront remis ainsi que les immeubles tenus de nous en fief, pour en faire à notre guise. Les autres im-

omnia bona debent integraliter sibi reddi ; alioquin bona mobilia nobis tradentur et immobilia que a nobis in feodo tenebuntur ad faciendam inde nostram omnimodam voluntatem. Et alia immobilia que ab aliis dominis in feudum tenebuntur, ipsis dominis tradantur, ad faciendam voluntatem suam ; solutis tamen debitis dicti defuncti, secundum usus et consuetudines Agennenses, si clara sint debita, non expectato fine anni.

7. De la validité des testaments.

Item, testamenta facta ab habitatoribus predictis, in presencia testium fide dignorum valeant, licet non sint facta secundum solempnitatem legum, dum tamen non fraudentur liberi sua legitima portione, convocato ad hoc capellano loci vel alia ecclesiastica persona, si commode possit vocari.

8. Du duel ou du combat judiciaire.

Item, quod nullus habitans in dicta Bastida vel in districtu ejusdem, de quocumque crimine appellatus vel accusatus fuerit, nisi velit, teneatur pugnare duello vel se defendere nec cogatur ad duellum faciendum ; et si refutaverit, propter hoc

---

meubles relevant d'autres seigneurs, seront remis à ces mêmes seigneurs qui en disposeront à leur gré ; cependant, les dettes du défunt seront d'abord payées selon les us et coutumes d'Agen, si l'existence des dettes est bien établie et sans attendre la fin de l'année.

7. De la validité des testaments.

Les testaments faits par les habitants, en présence de témoins dignes de foi, sont valables, bien qu'ils ne soient pas faits selon toutes les règles prescrites par la loi ; pourvu cependant que les enfants ne soient pas privés de leur part légitime, le curé de la localité ou tout autre ecclésiastique étant appelé à cet effet, si c'est possible.

8. Du duel ou du combat judiciaire.

Un habitant de la bastide ou de ses dépendances, de quelque grief qu'il soit accusé, n'est point tenu, s'il ne veut, à se battre en duel, ni à se défendre dans un combat singulier, et il ne doit pas être contraint à recourir au duel.

S'il refuse de se battre, il ne doit pas être réputé coupable, mais le plaignant

non habeatur pro convicto, set appellans, si velit, probet crimen quod obicit per testes vel per alias probationes, juxta formam juris.

9. De la tenure des immeubles.

Item, quod habitantes predicti possint emere et recipere ad censum vel in dono, a quacumque persona volente vendere vel infeodare vel res suas immobiles dare, excepto feodo francali militari quod emere vel recipere non possint, nisi de nostra vel successorum nostrorum processerit voluntate.

10. De la taxe foncière et des droits d'oublie, d'acapte et de vente.

Item, de quolibet solo de quatuor canis vel ulnatis lato in amplitudine et duodecim in longitudine, habebimus sex denarios obliarum tantum, et secundum magis et minus, in festo omnium sanctorum. Et totidem de acaptamento in mutacione domini. Et, si vendatur, habebimus ab emptore vendas, scilicet duodecimam partem pretii quo vendetur. Et nisi oblie nobis

---

peut, s'il le veut, prouver l'accusation par témoins ou par d'autres preuves, selon les formes légales.

9. De la tenure des immeubles.

Les habitants pourront acheter et prendre à cens ou recevoir en don de toute personne voulant vendre, inféoder ou donner ses immeubles, à l'exception toutefois des fiefs francs-alleux et militaires que l'on ne pourra acheter ou recevoir, si ce n'est avec le consentement de nous ou de nos successeurs.

10. De la taxe foncière et des droits d'oublie, d'acapte et de vente.

De toute pièce de terre, de quatre cannes ou aunes de largeur et de douze de longueur, nous aurons six deniers de droit d'oublie seulement, et ainsi en proportion, à la Toussaint.

Nous aurons la même somme, pour droit de relief, à chaque changement de propriétaire.

Si la terre est vendue, nous aurons de l'acheteur, comme droit de vente, le douzième du prix auquel est consentie la vente.

solute fuerint predicto termino, quinque solidi nobis solventur pro gagio et oblie supradicte.

11. Des incendies et autres méfaits.

Item, si arsine vel alia malificia occulta facta fuerint in dicta Bastida vel honore vel in pertinentiis dicte Bastide, fiet per nos vel per locum nostrum tenentem, emenda super iis, secundum bona statuta et bonos usus et approbatos diocesis Agennensis.

12. Du serment du sénéchal et du baile.

Item, senescallus noster et Ballivus dicte Bastide tenentur jurare in principio senescallie et ballivie, coram probis hominibus dicte Bastide, quod in officio suo fideliter se habebunt et jus cuilibet reddent pro possibilitate sua et approbatas consuetudines dicte Bastide et statuta rationabilia observabunt.

13. Du renouvellement des consuls; du serment qu'ils prêtent en entrant en charge; de leurs attributions.

Item, consules dicte Bastide mutentur quolibet anno in festo Assumptionis beate Virginis. Et nos vel Bajulus noster debe-

---

Si enfin les oublies ne nous sont pas payées au terme ordinaire, nous percevrons cinq sous d'amende, en sus des droits d'oublie.

11. Des incendies et autres méfaits.

Si des incendies ou autres méfaits étaient accomplis en cachette dans la ville ou dans les limites de sa juridiction ou sur son territoire, la réparation du dommage causé par ces accidents sera faite par nous ou par notre lieutenant, selon les bonnes coutumes et les bons usages du diocèse d'Agen.

12. Du serment du sénéchal et du baile.

Notre sénéchal et notre baile sont tenus, en entrant en charge, de jurer devant les prudhommes de la ville, qu'ils l'exerceront fidèlement, feront droit à chacun selon leur pouvoir et observeront raisonnablement les coutumes et les statuts approuvés de la ville.

13. Du renouvellement des consuls; du serment qu'ils prêtent en entrant en charge; de leurs attributions.

Les consuls de la bastide de Saint-Pastour sont renouvelés, chaque année, à la fête de l'Assomption, le 15 août (à la Saint-Vincent, le 22 janvier, à Cas-

mus ponere et eligere, ipsa die, consules catholicos sex de habitantibus in dicta Bastida quos magis, bona fide, communi proficuo dicte Bastide et nostro viderimus et cognoverimus expedire. Qui consules jurabunt Bajulo et populo dicte Bastide quod ipsi bene et fideliter servabunt nos et jura nostra et populum dicte Bastide fideliter gubernabunt et tenebunt, pro posse suo, fideliter consulatum; et quod non recipient ab aliqua persona aliquod servitium propter officium consulatus.

Quibus consulibus communitas dicte Bastide jurabit sibi dare consilium et adjutorium et obedire, salvo tamen in omnibus jure nostro, dominio et honore. Et dicti consules habeant potestatem reparandi carrerias, vias publicas, fontes et pontes et colligendi per solidum et per libram, cum consilio viginti quatuor habitantium in dicta Bastida, electorum a populo, missiones et expensas ab habitatoribus dicte Bastide et pertinentiis ejusdem que propter reparationem predictorum fient vel que fient propter alia communia negotia necessaria et redundantia in utilitatem communem dicte Bastide. Et qui sordities in carreriis injecerit a Bajulo nostro et consulibus puniatur, secundum quod eis visum fuerit expedire.

---

tel-Amouroux); nous ou notre baile devons établir et choisir, le même jour, six consuls catholiques pris parmi les habitants de la ville; nous choisirons ceux qui nous paraîtront, de bonne foi, les plus favorables au bien de la ville et au nôtre.

Ces consuls jureront au baile et au peuple de garder bien et fidèlement nous et nos droits, de gouverner fidèlement les habitants de la bastide et d'exercer fidèlement, selon leur pouvoir, le consulat, de ne recevoir de récompense de personne, en raison de leurs fonctions.

D'autre part, la communauté de la bastide jurera de donner conseil, aide et obéissance aux consuls, notre droit, notre souveraineté et nos biens étant néanmoins sauvegardés en toutes choses.

Les consuls auront le pouvoir de faire réparer les chemins, les voies publiques, les fontaines, les ponts; à cet effet, ils pourront, avec l'assentiment de vingt-quatre habitants de la bastide choisis par le peuple, lever au sou la livre, c'est-à-dire en raison de la fortune de chacun, sur tous les habitants, les frais et dépenses pour ces différentes réparations ou pour d'autres entreprises communes nécessaires ou pour d'autres travaux d'utilité générale.

Quiconque aura jeté des ordures sur la voie publique sera puni par notre baile et par les consuls, dans la mesure qu'ils jugeront convenable.

Et quicumque laicus in dicta Bastida et pertinentiis habue-
rit possessiones vel redditus, ratione illarum rerum, ipse et
sui successores in expensis, missionibus et collectis que fient
a consulibus propter utilitatem dicte ville, ut dictum est, faciat
et donet, prout alii habitantes dicte Bastide, per solidum et
per libram. Et nisi hoc facere vellet, Bajulus noster pignoret
eum, ad instanciam consulum predictorum. Clerici vero et alie
privilegiate persone ad hoc idem similiter tenebuntur de possessionibus omnibus que ad ipsas personas jure hereditario
non constiterit pervenisse. De quibus rebus hereditariis nihil
prestare tenebuntur, nisi de earum personarum mera processerit voluntate.

14. *De la vente des comestibles portés en ville.*

Item, res comestibilis de foris apportata ad vendendum vel
dum apportetur de infra dimidiam leucam ad vendendum,
non vendatur nisi prius ad plateam dicte Bastide fuerit apportata. Et si quis contra fecerit, emptor et venditor quilibet in
duobus solidis et dimidio, pro justitia, puniatur, nisi esset extraneus qui dictam consuetudinem probabiliter ignoraret.

Tout laïque qui, dans la bastide ou ses dépendances, a des possessions ou
des revenus est tenu, pour ce motif, ainsi que ses successeurs, à contribuer,
comme les autres habitants, au sou la livre, aux dépenses, aux frais et tailles
qui seront imposés par les consuls, pour l'utilité de la ville. S'il s'y refusait,
que notre baile le contraigne à donner un gage, à la requête des consuls.

Les clercs et autres personnes privilégiées seront taxés également pour
toutes leurs possessions qu'ils n'auraient pas reçues par héritage.

Pour ces biens héréditaires, ils ne sont tenus à aucune taxe, à moins qu'ils
ne l'acceptent volontairement.

14. *De la vente des comestibles portés en ville.*

Les comestibles apportés du dehors pour être vendus et qui sont apportés
de moins d'une demi-lieue, ne seront pas mis en vente avant d'avoir été
portés à la place.

Dans le cas de contravention à cette disposition, l'acheteur et le vendeur
paieront chacun deux sous et demi d'amende, à moins que le délinquant
ne soit un étranger ignorant probablement cette disposition de nos coutumes.

15. *Des coups et blessures.*

tem, quicumque alium percusserit vel traxerit cum pugno, palma vel pede, irato animo, sanguine non interveniente, si clamor factus sit, in quinque solidis pro justitia puniatur et faciat emendam injuriam passo, secundum rationem. Si tamen sanguinis effusio intervenerit, in viginti solidis nobis, pro justicia, puniatur. Et, si cum gladio vel fuste, petra vel tegula, sanguine non interveniente, si clamor factus fuerit, percutiens in viginti solidis nobis, pro justicia, puniatur; et si sanguis intervenerit et fiat clamor, percutiens in sexaginta solidos, pro justicia, puniatur et emendam faciat injuriam passo.

16. *De l'homicide.*

Item, si quis alium interfecerit et culpabilis de morte reperiatur, ita quod homicida reputetur, per judicium curie nostre puniatur et bona ipsius nobis sint incursa, solutis tamen primo debitis suis.

17. *Des injures.*

Item, si quis alicui convicia aliqua vel obprobria, vel verba contumeliosa, irato animo, dixerit et inde fiat clamor, a Ba-

---

15. *Des coups et blessures.*

Quiconque frappe ou maltraite un habitant avec le poing, la main ou le pied, et cela méchamment, s'il n'y a pas effusion de sang et s'il y a plainte, paiera cinq sous d'amende et réparera convenablement l'injure faite.

S'il y a effusion de sang, le coupable paiera vingt sous d'amende.

S'il s'est servi d'une épée ou d'un couteau, d'un bâton, d'une pierre, d'une tuile et s'il n'y a pas effusion de sang, mais s'il y a plainte, il paiera vingt sous d'amende; s'il y a effusion de sang et s'il y a plainte, le coupable paiera soixante sous d'amende et accordera une réparation à la victime.

16. *De l'homicide.*

Si quelqu'un en tue un autre et est jugé coupable de la mort, de telle sorte qu'on estime qu'il y a homicide volontaire, qu'il soit puni par le jugement de notre cour et que ses biens nous soient acquis, ses dettes étant payées au préalable.

17. *Des injures.*

Si quelqu'un adresse volontairement à autrui des inculpations, des reproches ou des paroles blessantes et que plainte soit portée au baile, la peine

2

julo nostro in duobus solidis et dimidio, pro justicia, puniatur et faciat emendam injuriam passo. Et si quis coram Bajulo nostro vel in curia nostra dixerit dicta verba, irato animo, in quinque solidis, pro justicia, puniatur et emendet injuriam passo.

18. *Du ban seigneurial et du gage pris par le baile.*

Item, quicumque bannum nostrum vel ballivi nostri fregerit vel pignus ab eo factum, ob rem judicatam, sibi abstulerit, in triginta solidis pro justicia puniatur.

19. *Des droits de leude.*

Item, quicumque leudam furatus fuerit, in decem solidis, pro justicia, puniatur.

20. *De l'adultère.*

Item, adulter et adultera, si deprehensi fuerint in adulterio, si inde factus fuerit clamor, vel per homines fide dignos super hoc convicti vel in jure confessi, quilibet in centum solidis, pro justicia, puniatur, vel nudi currant villam et sit optio eorumdem.

---

sera de deux sous et demi d'amende et réparation de l'injure devra être faite à qui l'avait reçue.

Si quelqu'un, en présence de notre baile ou de notre cour, adressait volontairement à autrui ces paroles blessantes, il serait puni de cinq sous d'amende et devrait réparation de l'injure à qui l'aurait reçue.

18. *Du ban seigneurial et du gage pris par le baile.*

Quiconque aura enfreint notre ban ou celui de notre baile, ou lui aura pris un gage saisi par lui pour chose jugée, sera puni d'une amende de trente sous.

19. *Des droits de leude.*

Quiconque aura fraudé pour le paiement des droits de leude, paiera dix sous d'amende.

20. *De l'adultère.*

Les adultères, s'ils sont pris en flagrant délit et s'il y a plainte, ou s'ils sont convaincus du fait par des hommes dignes de foi ou si l'aveu du délit est fait en justice, seront punis, chacun, de cent sous d'amende ou bien ils devront courir nus à travers la ville, à leur gré.

21. *Des menaces avec l'épée ou le couteau.*

Item, quicumque cultellum vel gladium emolutum contra alium, irato animo, traxerit, in decem solidis, pro justicia, puniatur et emendet injuriam passo.

22. *Du vol de jour ou de nuit.*

Item, quicumque aliquid valens duos solidos vel infra, de die vel de nocte furatus fuerit, currat villam cum furto ad collum suspenso et in quinque solidis, pro justicia, puniatur et restituat furtum cui furatus fuerit, excepto furto fructuum de quo fiat ut inferius continetur. Et qui rem valentem ultra quinque solidos furatus fuerit, prima vice signetur et in sexaginta solidis, pro justicia, puniatur. Et si signatus sit per judicium curie nostre, modo debito puniatur. Et si pro furto quis suspendatur, decem libre, si bona sua valeant, solutis debitis suis, nobis pro justicia persolvantur et residuum sit heredum suspensi.

23. *Des vols commis dans les jardins, vignes et champs d'autrui.*

Item, si quis intraverit, de die, hortos, vineas, vel prata alterius et inde capiat fructus, fenum, paleam, vel lignum

---

21. *Des menaces avec l'épée ou le couteau.*

Quiconque aura tiré un couteau ou une épée aiguisée contre un autre, dans de mauvaises intentions, sera puni de dix sous d'amende et réparera l'injure faite.

22. *Du vol de jour ou de nuit.*

Quiconque aura volé, de jour ou de nuit, un objet valant deux sous ou un prix moindre, devra courir, à travers la ville, avec l'objet volé suspendu à son cou; il paiera cinq sous d'amende et restituera la chose volée à son propriétaire. Pour le vol des fruits, on suivra les prescriptions de l'article suivant. Si l'objet volé a une valeur de cinq sous ou plus, le voleur sera marqué, pour la première fois, et puni d'une amende de soixante sous. S'il est déjà marqué par jugement de notre cour, il sera simplement condamné à l'amende. Si un homme était pendu pour cause de vol, nous percevrons dix sous pour droits de justice, si ses biens valent cette somme, ses dettes étant payées, et le reste de sa succession sera remis à ses héritiers.

23. *Des vols commis dans les jardins, vignes et champs d'autrui.*

Quiconque entre, pendant le jour, dans les jardins, vignes ou prairies d'autrui et y prend des fruits, du foin, de la paille ou du bois pour une

valens duodecim denarios vel infra, sine voluntato illius cujus fuerit, postquam, quolibet anno, semel defensum fuerit et preconisatum, in duobus solidis et dimidio persolvendis consulibus ad opus dicte ville, pro justicia, puniatur.

Et quicquid consules ex hoc habuerint, debent illud ponere in commune proficuum dicte ville, utpote in reparatione carreriarum, pontium, fontium et consimilium.

Et si ultra duodecim denarios valeat res quam inde ceperit, in decem solidis nobis pro justicia puniatur.

Et si de nocte quis intraverit et fructus, fenum, paleam vel lignum ceperit, in triginta solidis nobis, pro justicia, puniatur et emendet damnum passo.

24. Des dégâts causés par les animaux d'autrui.

Et si bos vel vacca vel bestia grossa hortos vel vineas vel prata alterius intraverit, solvat dominus bestie sex denarios consulibus dicte ville; et pro porco et sue, si intrent, tres denarios, et pro duabus ovibus vel capris vel hircis, si intrent, solvat dominus cujus erunt bestie unum denarium consulibus dicte ville, qui ex hoc, ut predictum est, faciant, dampno ei cujus est ortus, vinea vel pratum nihilominus resarcito.

---

valeur de douze deniers ou au-dessous, sans l'autorisation du propriétaire, après que chaque année le ban de défense aura été publié, sera puni d'une amende de deux sous et demi à payer aux consuls pour les besoins de la ville. Le produit de toutes les amendes semblables perçues par les consuls, sera mis en commun, au profit de la ville, pour la réparation des routes, des ponts, des fontaines et autres réparations semblables.

Si la chose volée vaut plus de douze deniers, le coupable nous paiera dix sous d'amende.

Quiconque pénètre la nuit, sur le champ d'autrui et y prend des fruits, du foin, de la paille ou du bois, sera puni de trente sous d'amende pour nous et devra réparation du dommage au propriétaire.

24. Des dégâts causés par les animaux d'autrui.

Si un bœuf, une vache ou une bête de somme entre dans des jardins, vignes, prairies appartenant à autrui, le propriétaire de la bête paiera six deniers aux consuls; pour un porc ou une truie, il paiera trois deniers; pour deux brebis, chèvres, boucs, leur propriétaire paiera un denier aux consuls de la ville; le produit de ces amendes sera employé par eux à l'usage déjà mentionné et la réparation du dommage devra être faite au propriétaire du jardin, de la vigne ou du pré.

25. *Des faux poids et des fausses mesures.*

Item, quicumque falsum pondus vel falsam mensuram te-
nuerit, dum tamen super hoc legitime convictus fuerit, in
sexaginta solidis puniatur.

26. *Des dettes et des contrats.*

Item, pro clamore debiti vel pacti vel cujuslibet alterius
contractus, si statim, prima die, in presentia ballivi nostri,
confiteatur a debitore, sine lite mota et sine induciis, nichil
nobis pro justicia persolvetur; set, infra novem dies, ballivus
debet facere solvi et compleri debitori quod confessum fuerit
coram eo; alioquin, ex tunc, debitor in duobus solidis et dimidio nobis, pro justicia, puniatur.

27. *Droits dans les plaintes ordinaires.*

Item, pro omni simplici clamore de quo lis moveatur et
inducie petantur, post prolationem sentencie, nobis quinque
solidi pro justicia persolventur; parti adverse in expensis legitimis nihilominus condempnandus.

---

25. *Des faux poids et des fausses mesures.*

Quiconque aura fait usage de faux poids ou de fausses mesures, s'il est
bien et dûment convaincu du fait, sera puni d'une amende de soixante sous.

26. *Des dettes et des contrats.*

Dans les demandes relatives aux dettes, aux contrats ou autres conven-
tions, si, sans délai, le premier jour, en présence de notre baile, le débiteur
s'avoue tel, sans procès et sans ajournement, il ne nous sera rien payé pour
droits de justice. Mais, dans les neuf jours, notre baile doit faire payer et
satisfaire le créancier, suivant ce qui aura été reconnu devant lui; autre-
ment, après ce délai, le débiteur nous paiera deux sous et demi d'amende.

27. *Droits dans les plaintes ordinaires.*

Dans toute plainte ordinaire, au sujet de laquelle survient une contestation
en justice, si des délais sont demandés, après le renvoi du jugement, nous
percevrons cinq sous pour droits de justice, sans préjudice de la condam-
nation aux frais légitimes envers la partie adverse.

＊

28. *Du défaut de comparution.*

Item, deficiens ad diem sibi .assignatam per Bajulum in duobus solidis et dimidio nobis, pro justicia, puniatur, adverse parti in expensis legitimis condemnandus.

29. *Du mode de paiement des droits de justice.*

Item, Bajulus noster non debet recipere justiciam seu gagium usquequo solvi fecerit rem judicatam parti que obtinuit.

30. *Des droits de justice dans les questions immobilières.*

Item, de questione rerum immobilium, post prolationem sententie, nobis quinque solidi, pro justicia, solvantur.

31. *Du défaut du demandeur.*

Item, de omni clamore facto de quo lis movetur, si actor defecerit in probando, in quinque solidis actor pro justicia puniatur, parti adverse in expensis legitimis condempnandus.

---

28. *Du défaut de comparution.*

Le défaillant, au jour fixé par notre baile, paiera deux sous et demi d'amende et sera condamné aux frais légitimes occasionnés à la partie adverse.

29. *Du mode de paiement des droits de justice.*

Notre baile ne doit recevoir ni les frais de justice ni les gages avant d'avoir fait exécuter le paiement de la chose jugée et l'avoir fait tenir à la partie qui a gagné le procès.

30. *Des droits de justice dans les questions immobilières.*

Dans les questions immobilières, après le renvoi du jugement, nous percevrons cinq sous pour droits de justice.

31. *Du défaut du demandeur.*

Dans toute plainte après laquelle il y a lieu à un débat judiciaire, si le demandeur fait défaut pour la preuve, il paiera cinq sous d'amende et sera condamné aux frais occasionnés à la partie adverse.

32. *Égalité, pour les libertés et privilèges, des habitants demeurant hors la ville ou dans la ville.*

Item, volumus et concedimus quod habitantes in dicta Bastida et in honore ejusdem, extra villam seu bastidam predictam, qui tamen sunt de sacramento et communitate dicte ville, gaudeant eisdem libertatibus quibus gaudent habitantes infra villam.

33. *La mesure agraire usitée, la perche, est conservée.*

Item, perticam seu mensuram pertice qua mensurando seu perticando terras suas usi sunt, a principio Bastide usque modo, eis similiter concedimus ac etiam confirmamus.

34. *Du boucher.*

Volumus insuper et eis concedimus quod, de quolibet bove seu vacca venditis in macello nostro dicte ville, duos denarios monete currentis, de porco vel sue unum denarium, de ariete vel ove, hirco vel capra, unum obolum tantummodo habeamus.

---

32. *Égalité, pour les libertés et privilèges, des habitants demeurant hors la ville ou dans la ville.*

Nous voulons et concédons que les habitants de la bastide de Saint-Pastour qui se trouvent sur le territoire compris entre les limites de sa juridiction, hors de la ville ou de la dite bastide, et qui cependant sont de la fédération et de la communauté de la ville, jouissent des même libertés que ceux qui habitent dans l'intérieur de la ville.

33. *La mesure agraire usitée, la perche, est conservée.*

Nous concédons et confirmons également aux habitants de la bastide de Saint-Pastour, l'usage de la perche, mesure agraire dont ils se servent et se sont toujours servis depuis la fondation de la bastide pour le mesurage de leurs terres.

34. *Du boucher.*

Nous voulons et nous concédons en outre aux habitants de Saint-Pastour que nous percevrons seulement un droit de deux deniers de monnaie courante par bœuf ou vache vendus à notre étal du boucher de la ville; le droit sera de un denier par porc ou truie et d'une obole seulement par bélier ou brebis, bouc ou chèvre.

35. *Du marché du mardi; énumération des droits divers*
perçus au marché.

Item, mercatum dicte Bastide debet esse die Martis. Et si
bos vel vacca, porcus vel sus unius anni vel supra, vendatur
ab extraneo in die fori, dabit venditor unum denarium nobis
pro leuda; et de asino vel asina, equo vel equa, mulo vel
mula unius anni et supra, dabit venditor extraneus duos denarios nobis pro leuda; si infra nichil.

Et de ove, ariete, capra vel hirco, unum obolum.

De salmata bladi unum denarium. De sexterio unum denarium. De emina, obolum pro leuda et pro mensuragiis. De
quarteria nihil dabit. De salmata salis unum denarium. De
onere hominis vitrorum, unum denarium aut unum vitrum
valens unum denarium. De salmata coriorum grossorum duos
denarios. De onere hominis aut uno grosso corrio, unum denarium. De salmata ferri, pannorum laneorum, duos denarios.
De sotularibus, calderiis, anderiis, patellis, aissatis, pairollis,
cutellis, falcibus, sarpis, piscibus salsatis et rebus aliis con-

---

35. *Du marché du mardi; énumération des droits divers*
perçus au marché.

Le marché a lieu à Castel-Amouroux (et à Saint-Pastour) tous les mardis.

Si un bœuf, une vache, un porc, une truie d'un an et plus sont vendus par
un étranger, le jour du marché, le vendeur nous donnera un denier pour
droit de leude.

Pour un âne ou une ânesse, un cheval ou une jument, un mulet ou une
mule d'un an et plus, le vendeur étranger nous donnera deux deniers pour
droit de leude; pour ces animaux ayant moins d'un an, il ne paiera rien.

Pour une brebis, un bélier, une chèvre, un bouc, le droit est d'une obole.

Pour une saumée de blé, le droit est d'un denier; pour un setier de blé,
un denier également; pour une hémine de blé, une obole pour droits de leude
et de mesurage.

Pour un quarton, il n'est rien perçu.

Pour une saumée de sel, il est perçu un denier.

Pour une charge d'homme de coupes de verre, un denier ou une coupe
en verre valant un denier.

Pour une saumée de cuirs bruts, deux deniers; pour une charge d'homme
de cuirs ou pour une grande peau, un denier.

Pour une saumée d'objets en fer, de pièces de laine, deux deniers.

Pour des souliers, chaudières, chenets, houes, chaudrons, couteaux,

similibus, dabit venditor extraneus, in die fori, pro leuda et pro intragio, duos denarios, pro salmata; et de onere hominis rerum predictarum et consimilium, unum denarium. De saumata urnarum vel canarum, unum denarium; de onere hominis, unum obolum.

36. *De la foire.*

Item, nundine sint in dicta Batisda terminis assignatis et quilibet mercator extraneus habens trusellum vel plures trusellos in dictis nundinis, dabit nobis pro introitu et exitu et taulagio et pro leuda, quatuor denarios; et de onere hominis, quicquid portet, unum denarium. Et de rebus emptis ad opus domus alicujus, nichil dabitur ab emptore pro leuda.

37. *Des fours.*

Item, quicumque voluerit, poterit habere et facere furnum in dicta Bastida et in barrio ejusdem; et de quolibet furno in quo quis panem decoquet ad vendendum vel panem vicini sui, solventur nobis, qualibet hebdomada, duodecim denarii obliarum.

---

faux, sarcloirs, poissons salés et autres choses semblables, le vendeur étranger donnera, le jour du marché, pour droits de leude et d'entrée, deux deniers pour une saumée.

Pour une charge d'homme des objets susdits et autres semblables, le droit est d'un denier.

Pour une saumée d'urnes ou de vases, un denier et pour une charge d'homme de ces articles, une obole.

36. *De la foire.*

La foire aura lieu à la date fixée et tout marchand étranger ayant un ou plusieurs trousseaux à la foire, nous paiera pour droits d'entrée, de sortie et de tonlieu et pour droits de leude, quatre deniers; par charge d'homme, quelle qu'en soit la nature, le droit est d'un denier.

Quant aux choses achetées pour l'usage ordinaire de la maison, l'acheteur ne paiera pas de droits de leude.

37. *Des fours.*

Tout habitant est libre d'avoir et de faire construire un four dans la bastide et dans ses faubourgs; il nous sera payé par chaque four destiné à cuire le pain pour le vendre ou le pain du voisin, chaque semaine, dix deniers de droits d'oublie.

38. *Du notaire.*

Item, instrumenta per notarium dicte Bastide confecta, illam vim obtineant quam publica optinent instrumenta.

Has autem libertates et consuetudines predictis habitatoribus et eorum successoribus, pro nobis et nostris heredibus, concedimus habendas in perpetuum et tenendas, salvo jure nostro et eciam alieno.

In cujus rei testimonium, has litteras nostras fieri fecimus patentes. Datum per manum venerabilis patris R. Bathon. et Vellen. episcopi, cancellarii nostri, apud Riolam, vicesimo secundo die decembris, anno regni nostri quintodecimo, 1287 *ou* Condom., VII die aprilis, 1289.

---

38. *Du notaire.*

Les actes faits par le notaire de la bastide auront la même valeur que les actes publics ordinaires.

Approbation des dites Coutumes.

Ces franchises et coutumes, en notre nom et au nom de nos successeurs, nous les concédons aux habitants présents et à venir de la bastide de Saint-Pastour (ou de Castel-Amouroux) afin qu'ils les possèdent et les gardent à tout jamais, nos droits et ceux d'autrui étant néanmoins réservés.

En témoignage de cette concession, nous avons fait sceller ces lettres patentes de notre sceau.

Donné par la main d'honorable père Robert Burnell, évêque de Bath et de Wells, notre chancelier. A la Réole, le 22 décembre 1287 (pour Castel-Amouroux).

A Condom, le 7 avril 1289 (pour la Bastide de Saint-Pastour).

TABLE ALPHABÉTIQUE.

———◦✕◦———

9 961   41520CB00053B/4675   1207209750I

www.ingramcontent.com/pod-product-compliance
Lightning Source LLC
Chambersburg PA
CBHW070800220326
41520CB00053B/4675